ひらいて ごらん ひみつの扉

いま、これからの
子ども図書館

日本図書館協会児童青少年委員会 編

Children's Door to Reading

— children's libraries : today and tomorrow —

ひらいてごらん　ひみつの扉　：　いま、これからの子ども図書館　／　日本図書館協会児童青少年委員会編. 　－　東京　：　日本図書館協会，　2000.　－　39p　；　26cm.　－　ISBN4-8204-0025-8

t1.　ヒライテ　ゴラン　ヒミツ　ノ　トビラ
a1.　ニホン　トショカン　キョウカイ
s1.　児童図書館　①016.2

● 目次

はじめに────子ども・読書・図書館 ____5

1章　児童サービスの歩み ____8
　　1　児童サービスの黎明期から1950年代
　　2　1960年代から現在
　　3　公立図書館の設置状況

2章　いま、日本の児童サービスは ____12
　　1　市区町村立図書館のサービス
　　　　（1）　児童室
　　　　（2）　児童サービス担当職員
　　　　（3）　ボランティア
　　　　（4）　児童資料の収集
　　　　（5）　選書・保存
　　　　（6）　参考業務・読書案内
　　　　（7）　おはなし会や集会行事
　　　　（8）　子どもに関する大人向きの講座、講演会等
　　　　（9）　図書館利用に障害がある子どもたちへのサービス
　　　　（10）　団体貸出
　　　　（11）　他機関との関わり
　　　　（12）　図書館招待・見学の実施
　　　　（13）　児童用検索ツール、コンピュータの利用
　　　　（14）　児童図書の分類と絵本の主な配列
　　　　（15）　発行物（PR）
　　　　（16）　児童サービスで重要と思うもの

2　都道府県立図書館のサービス
　　　(1)　児童資料の収集
　　　(2)　直接サービス
　　　(3)　市区町村立図書館への協力貸出・補完サービス・補助
　　　(4)　児童サービス担当職員
　　　(5)　児童サービス担当職員の研修
　　　(6)　児童サービスで重要と思うもの

3章　これからの児童サービス　____29
　　1　子どもとコンピュータ
　　2　子どものための読書施設
　　3　子どもの図書館
　　4　子どもの図書館の現状と課題
　　　(1)　公立図書館を生活の場に
　　　(2)　長期的に充実したサービスを
　　　(3)　児童サービスの鍵は職員
　　　(4)　その他の課題

国際子ども図書館の現状と課題　____36

おわりに　____39

執筆分担	はじめに	中多泰子
	1章	中多泰子、坂部豪
	2章	新井栄子、宍戸寛
	3章	島弘
	おわりに	中多泰子

写真　■　©漆原宏（p.8、9、10を除く）

はじめに
──子ども・読書・図書館

人間とことば

　人間は社会的な動物であり、人と人との関係の中で生きています。そのためにはコミュニケーションが不可欠です。人間は音声による言語を生み出し、それを補うものとして絵画を用い、さらに音声言語を記号化した文字を発明しました。文字による記録が行われるようになって、人間が生み出した文化の継承と発展が可能になりました。

　人間の社会に生まれてきた赤ちゃんは両親や周囲の人びととのかかわりをとおして、その社会の文化と伝統を身につけていきます。

　人間の赤ちゃんは、他の哺乳動物とくらべて、未熟で無力な状態で生まれてきます。これは、出生直後から大人たちの庇護と、人間として育つための働きかけが必要で、それを前提として早く生まれてくるからと考えられています[1]。

　人間が社会に適応して生きていくためには、コミュニケーションのためのことばを獲得していかなければなりません。

　乳児は、人のことばによる語りかけに対してよく反応します。そして模倣し、それをくり返しているうちに、自発的にことばを発することができるようになります。一語文から二語文へと会話が始まり、多語文へとすすみ、ことばの世界を自らも生み出していくようになります。ことばを獲得し、ことばによって思考する力が育っていきます[2]。

　大人の語りかけから対話へと進む過程で、わらべうたや遊びうたをくり返し楽しむようになります。語彙が増え、豊かになっていく中で、絵本の「読み聞かせ」によって、絵とことばを楽しむようになります。その楽しみを自力で得ようとする時に、ひとり読みが始まります。絵本からさし絵のある読み物へと範囲が広がり、成長するにしたがって、絵やさし絵のない読み物でも、ことばからイメージ化できるようになります。読書のプロセスは必ずしも一様ではなく、スムーズにいかない場合もありますが、聞く楽しみから読む楽しみへと、自力による読書の世界がひらかれていきます。

子どもと読書

　子どもの読書は、まず楽しみとしての読書でなければなりません。それが子どもの成長に有益なのです。

　「おはなし」を聞いたり、物語を読む楽しさはもちろん、学習のための読書であっても、子どもが楽しみを感じることが大切です。すなわち、子どもにとっての読書とは、子どもに喜びを与え、その喜びが子どもの成長を助け、人間形成に大きな影響をあたえるのです。したがって、子どもの読書については、教育的配慮が必要です。

　幼い時から膝に抱いてもらい、絵本をくり返し読んでもらって、その楽しさを読み手の大人と共有・共感することから、子どもは本が大好きになっていきます。大好きな人が自分のために本を読んでくれることがこの上もなくうれしいので、くり返しくり返し本を読んでくれとせがみます。本を読んでもらう時、読み手と聞き手の間には、本の世界を共にわかちあうという日常生活とは別種の楽しい時間がながれます。生活体験がまだ少なく未熟な子どもでも、読み手の声や表情をとおして、ひとり読みするよりも、はるかに多くのメッセージを受けとり、喜びが深まります。ひとり立ちの読書ができるようになっても、本を読んでもらうことが楽しいのは、喜びを共有できるからです。

　乳幼児期から小学校4、5年生くらいまで、「読み聞かせ」や相互に読み合う親子読書を継続していけば、双方ともが読書の喜びを深めていくことができるでしょう。聞き手の子どもは、読み手の声を生涯忘れないでしょう。「読み聞かせ」は、読み手と聞き手の心を結び、きずなを強めかつ深めていきます。

　子どもにとって読書が楽しいのは、読書が子ども自身を未知の世界へ誘ってくれるからではないでしょうか。子どもの周囲には未知のことがらや、不思議なものがたくさんあります。子どもは何でも知りたいという欲求を本来的にもっているのです。

物語の世界では、子どもは作中の主人公と一体化して、イメージの中で主人公の人生を共に生きるのです。実際には体験できないようなことでも、物語の世界をとおしてならば追体験することができるのです。こうした読書をとおして、子どもはさまざまな人生、生き方を知るようになります。

　また、冒険・推理物語に血を湧かせ、心を躍らせます。科学の本ではさまざまな現象について自分の知識を確かめながら、新しく知識を得て、実験やフィールドワークも含め、探求する喜びを味わいます。スポーツ・料理・手芸・趣味などの実用書を読み、実際に自分でやってみたりと、本は多種多様な楽しみと喜びを与えてくれます。質のよい読書の楽しみの中で、想像力、思考力を働かせ、広い視野に立って自己の価値観を形成していくことができるのです。また、自己を客観化できるようになれば、困難に直面しても、自分の問題を正確に分析し、ことがらの筋道をはっきりさせ、問題を解決することができるようになります。

　一方、子どもの読書は、文化と伝統を継承していくための営みでもあります。楽しく有益な読書は、豊かな感性を培い、生きる喜びを与えてくれます。

児童サービスの役割

　児童サービスは、乳幼児から小・中学生の利用者に、さらには子どもをとりまく大人たちに、読書の楽しさと喜びを提供し、子どもの成長に深くかかわっています。したがって、子どもの生活圏に児童図書館が必要です。子どもが図書館を身近に感じて、日常生活の中で利用できるためには、せめて中学校区に1館は必要でしょう。

　子どもが、幼い時から家族と共に図書館を利用し、図書館が本と出会える楽しい所だという認識が定着すれば、図書館利用が習慣となり、生涯にわたって利用していくことでしょう。児童図書館の目的は、子どもと子どもの本を上手に結びつけ、子どもが読書を通じて心身ともに健全に成長していくように、助けていくことなのです。

　子ども時代から質の良い読書ができるように、公立図書館は資料、職員、施設の条件を整備しなければなりません。質の良い読書の楽しみの中から、想像力も思考力も豊かに育っていきます。

参考文献
1)『人間であること』時実利彦　岩波書店　1970
2)『子どもとことば』岡本夏木　岩波書店　1982

1章 児童サービスの歩み

1 児童サービスの黎明期から1950年代

　20世紀から21世紀への架け橋となる2000年のいま、これまでの児童サービスの歩みを振り返り、現在の到達点を踏まえて、今後の発展へとつなげていくことが必要です。

　明治期の公立図書館の児童サービスは県立図書館から始まりました。最初に山口県立図書館（明治35：1902）、続いて京都、奈良、宮城、東京、大阪、岡山、石川、鹿児島の9県立図書館が児童室を開設しました。[注1]

　大正期に入ると、豊橋市（大正2：1913）など12市も児童室を開設し[注2]、昭和期の終戦時までに児童室を開設した図書館は、合計で県立が28館、市立が30館、私立が2館でした。

　しかし、戦時中は児童サービス部門が真っ先に機能を停止し、激減しました。軍国主義の昂揚、国定教科書主義などの影響を受け衰退せざるを得ませんでした。

　戦後は、新教育の実施、児童憲章の公布に見られる児童観の変化、アメリカの公共図書館サービスの移入などにより、児童サービスの様態は、著しく変化しました。終戦後から昭和32年までに児童室を新たに開設したのは、県立14館、市立41館で、児童サービスに対する全国的な関心も高まってきました。

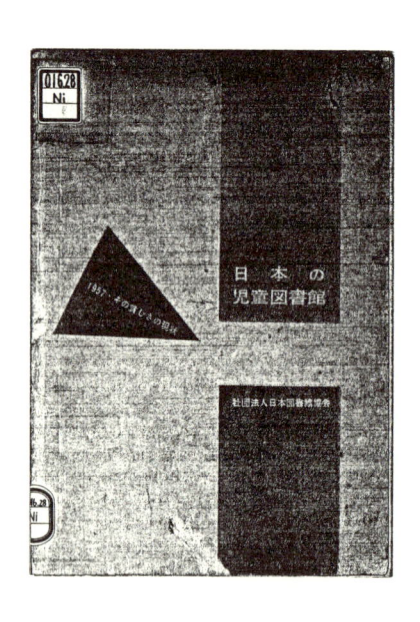

　昭和32年に、明治、大正、昭和の過去90年間で初めて、児童サービスの全国調査が行われました。その結果は、『日本の児童図書館—1957・その貧しさの現状』（日本図書館協会公共図書館部会児童図書館分科会編　日本図書館協会　1958）としてまとめられ、刊行されました。この調査で、公共図書館725館中児童室を有する館は216館で、29.8％でし

かないことが判明しました。

このような貧しい状況の中で、昭和30年代の初めから県立図書館児童室不要論が公の場で発言されるようになりました。現在でも新築、改築時などに、この不要論は再燃しています。[注3]

2 1960年代から現在

児童サービスの重要性に対する共通認識が、図書館界に根づいたのはいつ頃なのでしょうか？ 1963年に刊行された『中小都市における公共図書館の運営』（日本図書館協会）に理論的根拠を置いて、図書館サービスを開始したのが東京の日野市立図書館でした。昭和40年（1965）9月に移動図書館車のみで個人貸出を始めました。車に積む本の半分は児童書で、昭和42年（1967）には日野市民の18％、14,291人（うち児童5,853人）が登録し、38万1千冊（うち児童書23万2千冊）が借りられました。この数字は今では驚くに値しませんが、当時の日本の図書館界では驚異的な数字だったのです。子どもたちは"本がだいすき"なことを、実際の行動で証明しました。

この実績は、1970年に刊行された『市民の図書館』（日本図書館協会）に生かされ、児童サービスが公共図書館の当然の任務であり、本館、分館、移動図書館、図書館全体で、児童に対するサービスを行うべきである、と位置づけています。当面の最重点目標の3点のうち、2番目に"児童の読書要求にこたえ、徹底して児童にサービスすること。"[注4]があげられています。

また、この1970年には東京都の『図書館政策の課題と対策』が発表され、"くらしの中へ図書館を"のスローガンのもとに"東京の区市立図書館は、都民の求める資料の貸出と児童へのサービスを当面の最重点施策とする。"[注5]と明確に児童サービスを位置づけました。地方公共団体が図書館政策で、児童サービスの重要性を掲げたのは戦後初めてでしょう。建設費の2分の1、資料費の2分の1補助（3年間）を昭和46年度から51年度まで実施した結果、東京都の特に多摩地域に公立図書館が増えていきました。現在、島しょの一部を除き、東京都のすべての市区町村に図書館が設置されています。

子どもたちの旺盛な読書欲に、日本の図書館界は意識変革を迫られたと言っても過言ではありません。1974年には『子どもは本がだいすき』（日本図書館協会）が刊行されました。この本で、昭和40年代の躍進は、昭和30年代の図書館関係者の血のにじむような努力と、地域文庫を土台とする住民パワーによって実現した、と指摘しています。地域文庫は、"子どもに本を"の願いを地域住民自らの力で実現し、地域の子どもたちにサービ

スし、文庫活動を発展させてきました。そして、文庫同士が連携・協力して、図書館設置運動が展開され、大都市の近郊には図書館が設置されていきました。

児童室（コーナー）の設置状況は、1960年代末に40％、1970年代末に72％、1980年代末に84％、1990年代末に88％になりました。しかし、まだ51％の市町村が図書館を設置していません。日本全国のすべての子どもの身近に公立図書館が必要です。

長年、活字離れ、読書離れが問題視されてきていますが、図書館や文庫を利用している子どもたちは、旺盛な読書意欲を示しています。それは図書館や文庫には子どもに子どもの本を橋わたしする人がいるからです。子どもと本を結ぶ児童図書館員の役割は重要です。日本図書館協会はその重要性を認識して、児童図書館員の専門性向上のために1981年度から毎年児童図書館員養成講座を実施しています。

一方、国立の国際子ども図書館が2000年5月5日に開館しました。この開館を契機に国会は2000年を「子ども読書年」とし、政界、官界においても子どもの読書への関心が高まってきました。

3 公立図書館の設置状況

日本の公立図書館の設置率は、『日本の図書館　1999』でみてみると、1999年4月現在の統計で、全国にある659の市の96.8％、12政令指定都市と東京23区特別区が100％、1,990ある町が41.7％、568ある村が15.5％となっています。つまり、市区段階ではほとんどの自治体で図書館を設置していますが、町村においては、その設置率が低く半分にも達していない現状です。

公立図書館は、赤ちゃんからお年寄りまで、幅広い年齢層の市民が利用する施設です。年齢の広がりだけではありません。日本に在留している外国の方、障害のある方など、さまざまな人びとが利用します。市民が利用する施設で、これほどに多くの人の利用がある施設は病院と図書館以外にはありません。しかし、病院は健康な人にはまったく無縁の施設ですが、図書館は、図書館に関心を持っていれば誰にでも開かれています。誰もが利用できる、住民の身近にある、生活に密着した施設なのです。にもかかわらず、町村の多くの人が図書館サービスを受けることができない、ということは問題です。

図書館未設置の自治体の人口を計算してみますと、市で140万2千人、町で1,196万6千人、村で193万3千人となります。合計で実に約1,530万人の人たちが図書館サービスをいまだに受けられない状態にあるのです。

もうひとつ問題なのは、政令指定都市の図

書館です。

　政令指定都市の図書館の設置率は100％になっていますが、仮に人口100万人を超える大都市であっても、1館図書館があれば、統計上は100％という計算になるわけですから、設置率だけでは、政令指定都市における図書館サービスの実態は把握できません。

　そこで、図書館1館当たりの奉仕人口を比較してみると、政令指定都市の場合は1館当たり11万7千人、自動車図書館を加えても10万人を超えます。それに対して、市区の図書館の場合は、1館当たり5万7千人です。政令指定都市12市の人口の合計は1,889万5千人ですから、その半数の約950万人の人たちが充分な図書館サービスを受けることができない、と考えてもよいでしょう。つまり、町村と同様に、まだまだ多くの人が、多くの子どもたちが図書館サービスを受けることができないのです。

　これからの社会をになう子どもたちの成長のためには、図書館の存在は欠かせません。子どもたちの心の成長の基盤となる読書体験を保障する公立図書館が、日本全国に必要です。

注
1) 中多泰子著「都道府県立図書館の児童サービス」(『論集・図書館情報学研究の歩み』第17集) 日外アソシエーツ　1997　p.53
2) 『日本の児童図書館―1957・その貧しさの現状』日本図書館協会　1958　p.42
3) 注1と同じ　p.55
4) 『市民の図書館』日本図書館協会　1970　p.34
5) 『図書館政策の課題と対策』図書館振興対策プロジェクト　1970　p.8

2章 いま、日本の児童サービスは

　日本図書館協会児童青少年委員会では、1999年4月1日現在で、全国の公立図書館を対象とする悉皆調査を行いました。調査結果は、『公立図書館児童サービス実態調査報告　1999』（日本図書館協会児童青少年委員会編　日本図書館協会　2000）としてまとめられました。この調査は、児童サービスについて40年ぶりに本格的に行われた全国調査です。

　調査は、都道府県立図書館（対象数66館、回答数64館）と市区町村立図書館（対象数2,490館、回答数2,398館）に分けて行われました。

　ここでは、調査結果をもとに日本の公立図書館児童サービスの実態を報告します。

1 市区町村立図書館のサービス

　子どもの読書を考える時、家庭での読み聞かせなどとともに、本との出会いの場＝公立図書館が身近にあることが大切です。そこで、子どもの読書を支える市区町村立図書館の実態をみてみたいと思います。

　なお、ここでの集計数の内訳は、児童サービスを行っていない3館を除き、政令指定都市156館、東京23区202館、市1,110館、町村927館、合計2,395館です。

(1) 児童室

　子どもたちが本に出会い、調べものを行う場所が児童室（コーナー）です。市区町村立図書館の活動の中で児童サービスは大きな柱のひとつで、児童室を持たない図書館はほとんどありません。

　また、最近建設される新しい図書館では、児童室に大きなスペースをとる館も多くなりました。

　図1は児童室の面積を館数で示しています。「50～100㎡未満」、「100～150㎡未満」の図書館が多いことがわかります。また、「250㎡以上」という、大きな児童室をもつ図書館も303館あります。

　児童室の平均面積を自治体の種類別にみると、図2のとおりになります。

　政令指定都市という大都市の図書館で児童室の面積が大きいことがわかります。一方、東京23区の平均面積は、町村とそれほど違わないこともわかります。

図1 児童室(コーナー)の面積

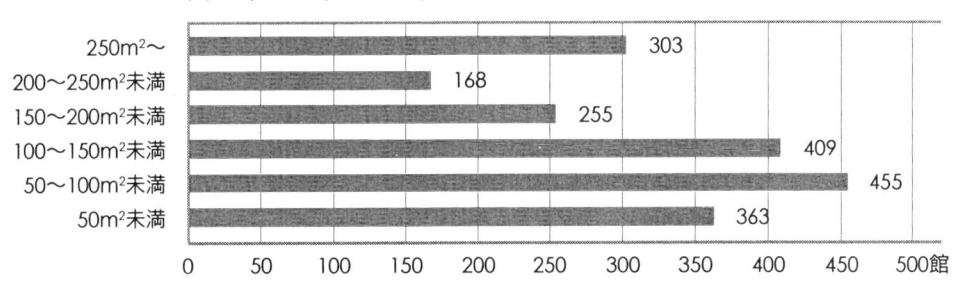

- 250m²〜: 303
- 200〜250m²未満: 168
- 150〜200m²未満: 255
- 100〜150m²未満: 409
- 50〜100m²未満: 455
- 50m²未満: 363

図2 自治体種類別の児童室平均面積

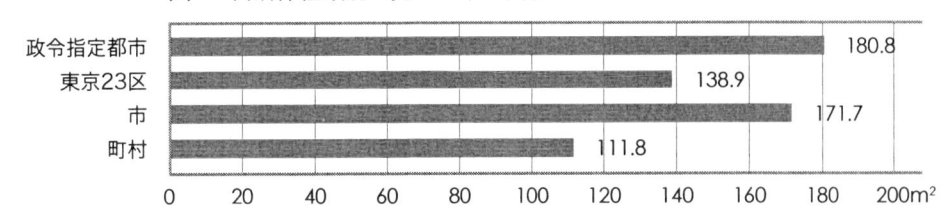

- 政令指定都市: 180.8
- 東京23区: 138.9
- 市: 171.7
- 町村: 111.8

(2) 児童サービス担当職員

本を選び、整理し、子どもたちに提供するという日常的な仕事だけでなく、対象地域の子どもたちに、どのような児童サービスを提供するのか、その計画を立案し、実施するのも職員です。職員の態勢は各館によりさまざまな形があり、調査票を中心とする全国調査では、把握しづらい面があります。

ここでは、児童サービスを担当する「専任職員」、「兼任職員」という分け方と「司書・司書補」、「司書・司書補以外」という分け方をとおして、職員態勢の実状をみてみたいと思います。

専任児童担当

図3は専任の児童担当を置く館の割合です。全国の市区町村立図書館のうち、専任で児童担当を置いている館は、544館23.1%です。専任の児童担当を置くかどうかは、館の規模、職員数に大きく影響されるため、一概には専任を置くべきであるとはいえませんが、全国の平均値としては、低い値であるといえるでしょう。

図3 専任職員を置く館の割合

- 専任職員を置く館: 23.1
- 専任職員を置かない館: 76.9

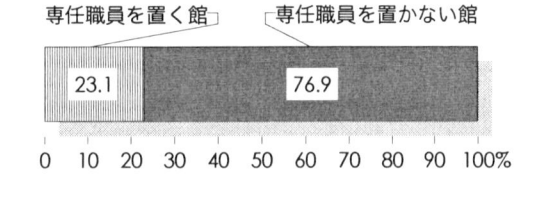

図4は、専任の児童担当を置く館の割合を自治体の種類別にみたものです。

図4 専任職員を置く館の割合(自治体種類別)

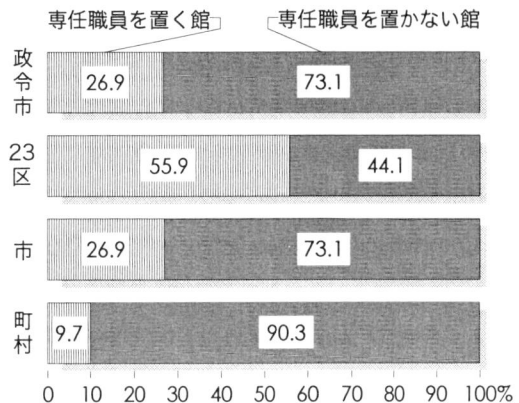

- 政令市: 26.9 / 73.1
- 23区: 55.9 / 44.1
- 市: 26.9 / 73.1
- 町村: 9.7 / 90.3

東京23区の図書館で55.9％と高い割合を示し、町村立図書館では9.7％と低い割合になっています。市、政令指定都市では本館と複数の分館をもつ場合が多く、小規模館で専任が置かれていないとみることができます。

専任児童担当職員の1館当たりの平均人数は1.8人です。自治体種類別にみた専任職員の人数は、表1のとおりです。

表1　専任職員の人数（自治体種類別） (館)

	1人	2人	3人	4人以上	合計
政令指定都市	16	21	1	4	42
東京23区	32	49	19	13	113
市	162	82	37	18	299
町村	56	24	6	4	90
合計	266	176	63	39	544

兼任児童担当

兼任児童担当とは、図書館内の他の業務と兼務している職員をいいます。兼任児童担当を置く館は、図5のとおり1,527館63.8％です。日本の児童サービスは、他の図書館業務と兼務して行われるケースが多いことがわかります。

これは、先ほどの専任児童担当と同様に館の規模、職員数に影響されているということができます。また、回答からは、職員全員が児童担当を兼務という館が少なからずありました。

図5　兼任職員を置く館の割合

兼任職員を置く館	兼任職員を置かない館
63.8	36.2

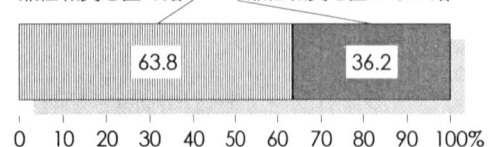

0　10　20　30　40　50　60　70　80　90　100％

ここでは、専任、兼任児童担当を単純集計しています。館ごとにみると、「専任のみ」、「専任＋兼任」、「兼任のみ」などのパターンで運営されていますが、今回の調査では、組み合わせごとの集計はされていません。

児童担当職員数と専門職の割合

公立図書館の児童サービスは、専任、兼任の児童担当職員によって行われていますが、担当者数の合計は4,493人です。その内訳は表2のとおりです。

調査では未記入もあったため、実数はもう少し多い人数になると思います。専任・兼任児童担当職員を合わせた司書・司書補の割合は63.5％です。

表2　児童担当職員の人数 (人)

	司書・司書補	司書・司書補以外	資格有無不明	合計
専任職員	619	342	18	979
兼任職員	2,236	1,185	93	3,514
合計	2,855	1,527	111	4,493

また、図書館での経験年数は、司書・司書補が約10年、司書・司書補以外が2.8年です。図書館サービスは、経験の蓄積が大切ですが、司書・司書補は経験が積み重ねられているのに対し、司書・司書補以外では、異動により経験が積み重ねられていないことがわかります。子どもの本を知り、子どもを知るという児童サービスの基本に立てば、専門職制の確立が児童サービスの課題であるといえましょう。

児童担当職員の割合を自治体の種類別でみると図6のとおりです。種類別職員数は、政令指定都市408人、東京23区596人、市2,074人、町村1,415人で、合計4,493人

となります。

政令指定都市の図書館は、82.6％の館が専任・兼任あわせて司書・司書補を配置しているのに対し、東京23区は30.7％と低い割合であることがわかります。

図6　司書・司書補の割合（自治体種類別）

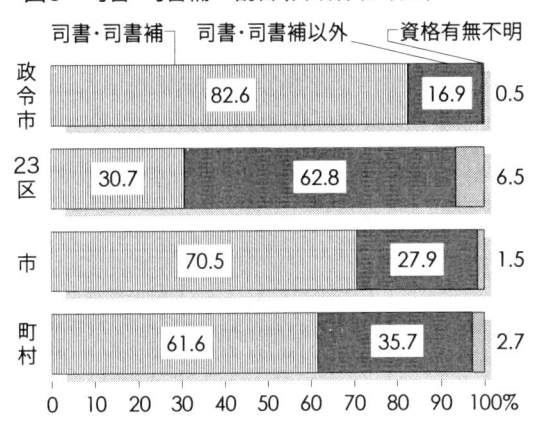

自治体	司書・司書補	司書・司書補以外	資格有無不明
政令市	82.6	16.9	0.5
23区	30.7	62.8	6.5
市	70.5	27.9	1.5
町村	61.6	35.7	2.7

東京23区では、図4のとおり、児童担当の専任職員を55.9％配置しながら、司書・司書補の配置は極端に少ないことがわかります。図書館学を学び、生涯図書館員として、知識と経験を積み重ねる司書・司書補の能力を活用することが、行政サービスの向上という視点からも求められていると思います。

非常勤職員

非常勤職員を児童担当として配置している館は572館で、全体の23.9％です。そのうち、64％の366館で司書・司書補を配置しています。臨時職員を児童担当として配置する館は614館で、全体の25.6％です。

職員の研修

自治体内での児童担当者研修（勉強会）が行われているか、行われている場合は頻度がどの程度かを示したのが表3です。多くの自治体では、研修が行われていないことがわかります。子どもたちに質のよいサービスを提供するためには、職員の研修は大切なもので、今後の課題のひとつといえるでしょう。

表3　自治体内の研修

	館数	構成比（％）
ない	1,585	66.2
年1～2回	361	15.1
年3～6回	201	8.4
年7～11回	101	4.2
月1回以上	86	3.6
無回答	61	2.5

一方、自治体外への児童サービス研修に、公費で参加したかとの質問には、「行った」50.7％、「行かない」46.5％とほぼ同数の結果です。ここでは、職員を自治体外への研修に出すことが可能かどうかということと、都道府県レベルなどで研修を実施しているかどうかが問題です。都道府県立図書館調査では、市区町村立図書館児童担当者への研修を実施していない自治体は、14道県あります。

(3) ボランティア

児童サービスにボランティアが関わっている割合は1,581館66％。765館31.9％で関わっていないという結果です。ボランティアの内容は表4のとおりです。

おはなし会にボランティアが関わっているのは、93.9％（複数回答あり）と高い割合を占め、次に集会行事が38.8％となっています。

(4) 児童資料の収集

日本語の児童図書所蔵冊数は図7のとおりです。

表4 ボランティアの内容

	館数	構成比(%)
おはなし会	1,484	93.9
集会行事	613	38.8
布の絵本・拡大写本などの作成	192	12.1
学級訪問など	184	11.6
展示・PRなど	172	10.9
書架整理	135	8.5
科学遊び	71	4.5
その他	122	7.7
無回答	12	0.8

「2万冊～3万冊未満」が503館と一番多く、「1万5千冊～2万冊未満」が443館と続きます。自治体種類別の日本語の児童図書平均所蔵冊数は、図8のとおりです。

市、政令指定都市の図書館が3万冊を超えているのに対し、東京23区は約2万3千冊、町村は約1万5千冊と少なくなっています。

資料別所蔵状況

日本語の児童図書以外の資料をみてみると、表5のとおりです。

所蔵館数は冊数や所蔵点数を記入した図書館の数ですが、調査では所蔵していても冊数や点数が不明の館があります。そのため、こ

図7 日本語の児童図書所蔵冊数

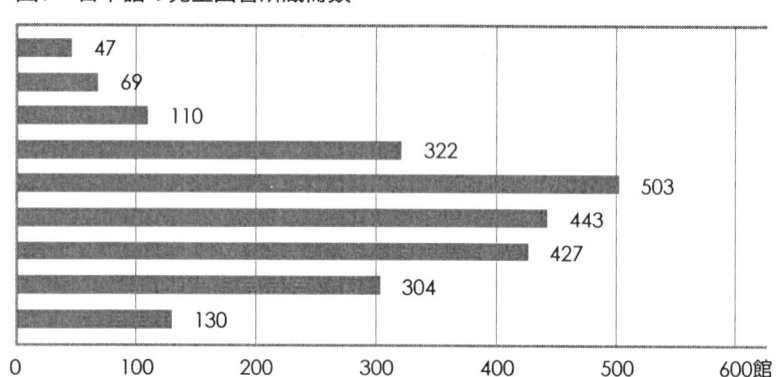

	館数
100,000冊以上	47
70,000～100,000冊未満	69
50,000～70,000冊未満	110
30,000～50,000冊未満	322
20,000～30,000冊未満	503
15,000～20,000冊未満	443
10,000～15,000冊未満	427
5,000～10,000冊未満	304
5,000冊未満	130

図8 日本語の児童図書平均所蔵冊数（自治体種類別）

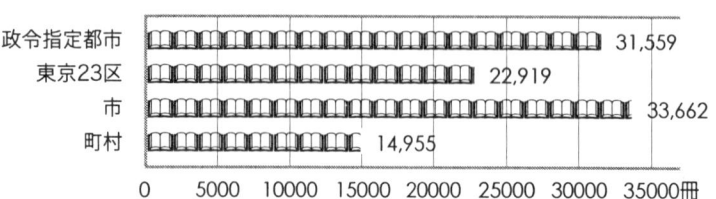

	冊
政令指定都市	31,559
東京23区	22,919
市	33,662
町村	14,955

表5 資料別所蔵館数と平均所蔵数

	外国語の児童図書	雑誌	新聞	マンガ	紙芝居	ビデオテープ	CD	録音テープ
所蔵館数	1,378	1,712	738	954	2,055	986	789	427
所蔵率	57.5%	71.5%	30.8%	40.0%	85.8%	41.2%	32.9%	17.8%
平均所蔵数	287	8	2	421	673	267	116	78

れらの資料を所蔵する館は実数より高くなります。平均値は、冊数や点数を記入した館を基数として計算しました。たとえば、児童用雑誌であれば、2,395館の調査数に対し、所蔵タイトル数を記入した1,712館が所蔵館になり、その1,712館の平均タイトル数が平均値です。マンガは学習マンガを除いた冊数です。

その他、布の絵本は305館で所蔵、児童用拡大写本は136館で所蔵しています。

(5) 選書・保存

児童資料の所蔵状況をみてきましたが、それらはどのように選ばれているのでしょうか。児童図書の選書担当は、表6のとおりです。

児童担当者が選書を行っているのは32.7％で、職員全員で選書しているのが33.8％です。「職員」の調査結果でみたように、専任担当制がとれない図書館が多いことを考えると、分担化しないで、またはできないで選書も行われているとみることができます。

表6　選書担当

	館数	構成比(%)
児童担当者	782	32.7
収集担当者	564	23.5
全員	809	33.8
担当なし	141	5.9
その他	80	3.3
無回答	19	0.8

図書館で購入する資料を選ぶための基準（児童用収集方針・選定基準等）を明文化している館は772館32.2％、明文化していない館は1,588館66.3％です。

新刊書の主な選書方法は、リスト選書が1,303館54.4％と半数を超え、次が現物選書で917館38.3％です。少数ですが80館3.3％で取次店指定書一括購入を行っています。この方法は、選書を取次業者に一括して任せているケースです。現物選書とリスト選書では、地域により開きがあります。東京23区では、85.6％が現物選書中心ですが、町村になると現物選書が17.4％と減少します。その分、町村ではリスト選書が71％と高い割合を示しています。

資料の保存では、「自治体内で1冊は保存する」436館18.2％、「資料により選択保存」847館35.4％、「特に決まりがない」1,061館44.3％という結果です。

(6) 参考業務・読書案内

何かの疑問を解決するためや、学校の宿題をするために、子どもたちは図書館にやってきます。その時、相談にのるのは職員です。また、何の本を読もうか悩んでいる子どもにアドバイスをするのも職員です。このような参考業務や読書案内に、図書館はどのような職員態勢で応えているのでしょうか。表7は主な担当者を示しています。

表7　参考業務・読書案内の担当者

	館数	構成比(%)
児童担当者	598	25.0
参考業務担当者	158	6.6
全員	1,435	59.9
その他	126	5.3
無回答	78	3.3

「全員」で対応しているのが1,435館で60％近くになっています。児童室があっても、児童用のカウンターをもつのは364館15.2

％と少なく、大人、子ども兼用カウンターで子どもの参考業務・読書案内が行われているケースが多く見受けられます。

(7) おはなし会や集会行事

おはなし会を実施したのは、2,026館84.6％と高い数値になっています。おはなし会の内容は表8のとおりです。

表8　おはなし会の内容

	館数	構成比(％)
絵本の読み聞かせ	1,938	95.7
紙芝居	1,419	70.0
ストーリーテリング	666	32.9
パネルシアター	524	25.9
手遊び	445	22.0
人形劇	224	11.1
ブックトーク	153	7.6
科学遊び	31	1.5
その他	167	8.2
無回答	9	0.4

（主なもの3つまで）

絵本の読み聞かせは95.7％とほとんどの図書館でおはなし会に取り入れています。次に紙芝居の70.0％。ストーリーテリングは32.9％と3割の図書館で行われています。ストーリーテリングは担当者が話を覚えて、語り聞かせるので、準備に時間がかかるためか、実施している館が少なくなっています。ストーリーテリングはお話の楽しみを子どもたちに伝えるとともに、読書への導入という大切な役割があるので、今後いっそうの普及がのぞまれます。

おはなし会の実施回数は、図9のとおりです。実施回数は月に「4回～5回」という週1回ペース、「2回～3回」という隔週ペース、月「1回」ペースと続きます。平均回数は3.4回です。

1回当たりの参加人数は図10のとおりです。各館平均の参加人数は17.9人です。

おはなし会の実施者は、表9のとおりです。職員とボランティアが協同して実施している館が、52.4％と半数を超えています。

映画会、人形劇、お楽しみ会などの集会行事は、1,720館71.8％で実施されています。実施回数は、年平均8.6回です。

図9　おはなし会の実施回数(月当たり)

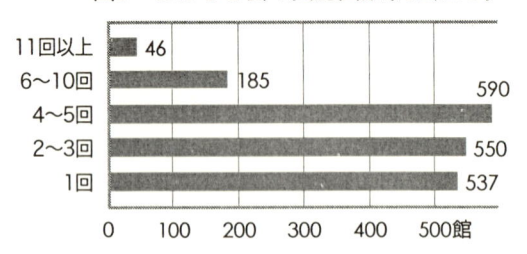

11回以上	46
6～10回	185
4～5回	590
2～3回	550
1回	537

図10　おはなし会の参加人数(1回当たり)

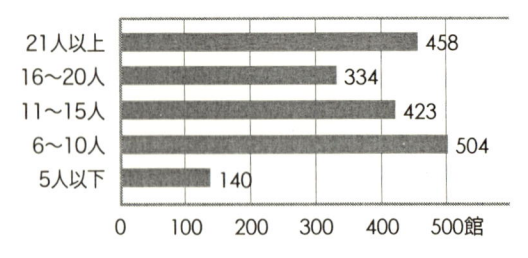

21人以上	458
16～20人	334
11～15人	423
6～10人	504
5人以下	140

表9　おはなし会の実施者

	館数	構成比(％)
職員のみ	469	23.1
職員とボランティア	1,061	52.4
ボランティアのみ	408	20.1
その他	83	4.1
無回答	5	0.2

(8) 子どもに関する大人向きの講座、講演会等

子どもに関する大人向きの講座、講演会等の実施は、812館33.9％で行われています。児童サービスにとって、親を対象とした講座、講演会は今後、ますます必要になってくるでしょう。実施館の1館当たりの平均回数は年3.5回です。

(9) 図書館利用に障害がある子どもたちへのサービス

図書館利用に障害がある子どもたちへのサービスを実施した館は、329館13.7％と低い数値です。サービスの内容は表10のとおりです。

表10　利用に障害がある子どもたちへのサービス

	館数	構成比（％）
資料貸出	260	79.0
出張おはなし会	70	21.3
対面朗読	12	3.6
その他	57	17.3
無回答	4	1.2

（該当するものすべて記入）

資料の貸出は260館79.0％とサービスを行っている館のほとんどで実施しています。「その他」の自由記入には、図書館での招待おはなし会、図書館見学、展示会招待、拡大写本等の資料作成、病院サービスがあげられています。

公立図書館にとって、地域のすべての子どもたちにサービスをすることは重要な業務であり、今後大きな課題ということができます。

(10) 団体貸出

児童図書の団体貸出を実施した館は、1,810館75.6％です。団体貸出が多くの自治体で行われていることがわかります。団体貸出用の図書は、「児童室の図書と共通」が1,565館、「団体貸出用図書が中心」が233館です。

表11は各団体への団体貸出を実施している館数と平均団体数を示しています。

学校・学級文庫への貸出は1,302館で実施され、平均団体数が11.2団体です。1万4千以上の学校・学級文庫へ団体貸出をしていることがわかります。

表11　団体貸出先と館数

	館数	平均団体数
学校・学級文庫へ	1,302	11.2
幼稚園・保育園へ	1,078	5.1
子ども文庫へ	464	4.8
その他へ	898	5.8

今後、学校に総合的な学習などが導入されるにあたり、学校図書館の充実が大きな課題です。そして、学校図書館が充実されればされるほど資料要求は高まり、多岐にわたるため、公立図書館との協力がますます必要になるでしょう。

また、子ども文庫は地域の住民による自主的な読書活動です。図書館は子ども文庫の意義を尊重しながら、団体貸出などの援助を行う必要があるでしょう。

「その他」の団体には、学童保育所、読書会、資料館、児童館、公民館、老人施設などがあげられています。

(11) 他機関との関わり

団体貸出以外で他機関との関わりがあったと回答した図書館は、1,014館42.3%です。内容は、出張おはなし会、定期的な会合、ブックリスト等の共同作成などです。相手側は学校、子ども文庫、幼稚園・保育園などとなっています。

(12) 図書館招待・見学の実施

図書館招待・見学を実施したのは、1,728館72.2%です。図書館招待・見学の内容は表12のとおりです。

表12 図書館招待・見学の内容

	館数	構成比(%)
施設見学	1,679	97.2
利用の案内	1,361	78.8
読み聞かせなど	611	35.4
その他	230	13.3
無回答	4	0.2

(該当するものすべて記入)

「その他」の内容は、貸出、ブックトークなどです。

(13) 児童用検索ツール、コンピュータの利用

児童用資料検索ツール(利用者用)を持っている館は、1,724館72.0%です。検索ツールの種類は表13のとおりです。

利用者用端末機(大人兼用も含む)を持つ館は1,506館と9割近くを占め、コンピュータを利用した検索が普及していることがわかります。

表13 児童用検索ツール

	館数	構成比(%)
利用者用端末機	1,506	87.4
冊子体目録	306	17.7
目録カード	209	12.1
その他	19	1.1
無回答	12	0.7

(該当するものすべて記入)

(14) 児童図書の分類と絵本の主な配列

児童図書の分類は表14のとおりです。「日本十進分類法中心」が2,126館88.8%です。

表14 児童図書の分類

	館数	構成比(%)
日本十進分類法中心	2,126	88.8
独自分類中心	232	9.7
無回答	37	1.5

絵本の主な配列は、表15のとおり、書名別が838館35.0%、画家別579館24.2%です。「その他」には、出版社別、主題別、大きさ別、シリーズ別などがあります。

表15 絵本の主な配列

	館数	構成比(%)
書名別	838	35.0
画家別	579	24.2
作者別(文を書いた人)	263	11.0
その他	663	27.7
無回答	52	2.2

(15) 発行物(PR)

子ども用利用案内は、1,279館53.4%で発行し、1,079館45.1%で発行していません。大人用で代用しているということなのでしょう。

子ども用館報（お知らせ）発行の有無（表16）、ブックリスト発行の有無（表17）は以下のとおりです。

表16　子ども用館報の有無

	館数	構成比(%)
子ども用館報発行	930	38.8
発行せず	1,421	59.3
無回答	44	1.8

表17　ブックリスト発行の有無

	館数	構成比(%)
リスト発行	926	38.7
発行せず	1,421	59.3
無回答	48	2.0

(16) 児童サービスで重要と思うもの

ここではあらかじめ設定した市区町村立図書館の児童サービスで「今、重要であると思うもの」14項目の中から主なもの3つまでを選択してもらいました。結果は図11のとおりです。

今、児童サービスで重要なものとして「選書」をあげた館が1,272館あり、53.1%と半数以上です。子どもたちの興味・関心が変化している時代に、対応に苦慮している館が多いことがわかります。

次に多いのが、「子どもの本の知識」1,078館45.0%、「ストーリーテリング・読み聞かせ・ブックトーク」1,044館43.6%、「参考業務・読書案内」980館40.9%です。

図11　今、重要であると思うもの

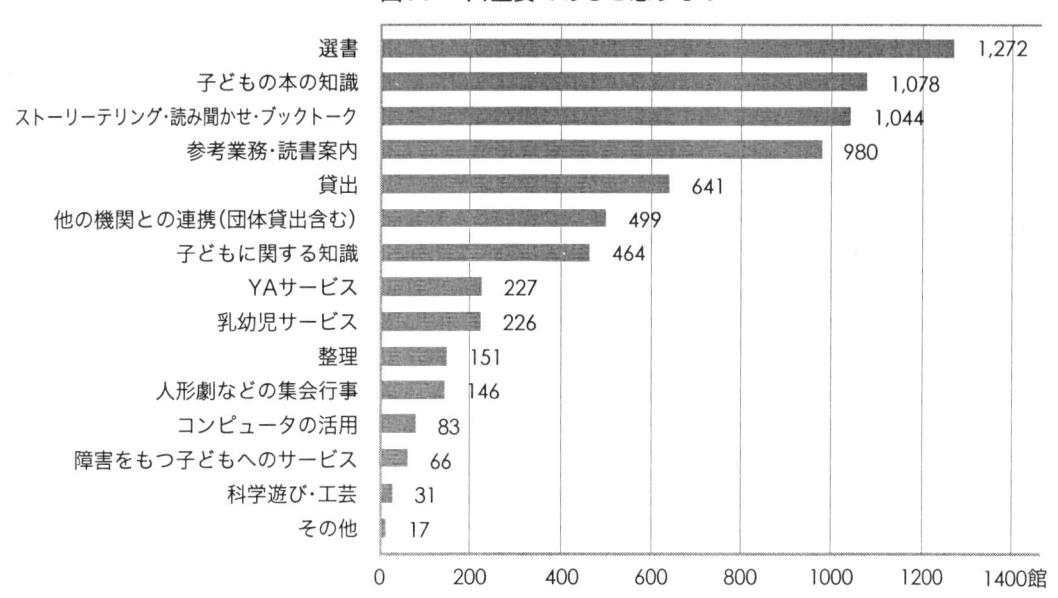

項目	館数
選書	1,272
子どもの本の知識	1,078
ストーリーテリング・読み聞かせ・ブックトーク	1,044
参考業務・読書案内	980
貸出	641
他の機関との連携(団体貸出含む)	499
子どもに関する知識	464
YAサービス	227
乳幼児サービス	226
整理	151
人形劇などの集会行事	146
コンピュータの活用	83
障害をもつ子どもへのサービス	66
科学遊び・工芸	31
その他	17

2 都道府県立図書館のサービス

都道府県立図書館における児童サービスの主要な役割は、子どもおよび大人に対する直接サービスと市区町村立図書館に対するバックアップです。昭和30年代以来、県立図書館児童室不要論がいまなお燻り続けている中で、今回の実態調査でも、5府県が館内での直接児童サービスを全く実施していないことが明らかとなりました。秋田、新潟、静岡、京都、兵庫の5自治体です。

今回の調査で対象となった都道府県立図書館は66館で、うち64館から回答を得ることができました。47都道府県立図書館の設置率は100%ですが、複数館設置している自治体もあり、その規模、児童サービスの内容もさまざまです。

(1) 児童資料の収集

収集している主な児童資料の所蔵数をまとめると、表18のようになります。

回答のあった64館の中で、児童資料を収集している館は57館、収集していない館は7館あります。この調査時点で児童資料を全く収集していないのは京都、兵庫の2府県ですが、1自治体で複数館を設置し、機能分担のため児童図書を収集していない図書館もあるため、7館となっています。

児童図書

都道府県立図書館における日本国内で出版された児童図書の平均所蔵冊数は48,312冊です。市区町村立図書館の平均所蔵冊数は25,366冊です。3万冊以上所蔵している市区町村立図書館が548館23.3%もあることからすると、都道府県立図書館の所蔵冊数としては不充分です。直接児童サービスを行い、かつ市区町村立図書館を支援するにたる蔵書数が求められるところです。

一方、外国語の児童図書平均所蔵冊数は2,166冊です。しかし、1,000冊未満所蔵の館が32館56.2%と半数以上を占めることからわかるように、図書館間に大きなばらつきがあります。1万冊以上所蔵している図書館が2館(東京、滋賀)ある一方で、500冊未満しか所蔵していない館が18館もあります。

児童サービスの分野でも国際化が進展し、子どもの本をとおしての国際理解を深めることはますます期待されており、外国語の児童図書の充実は急務といえます。

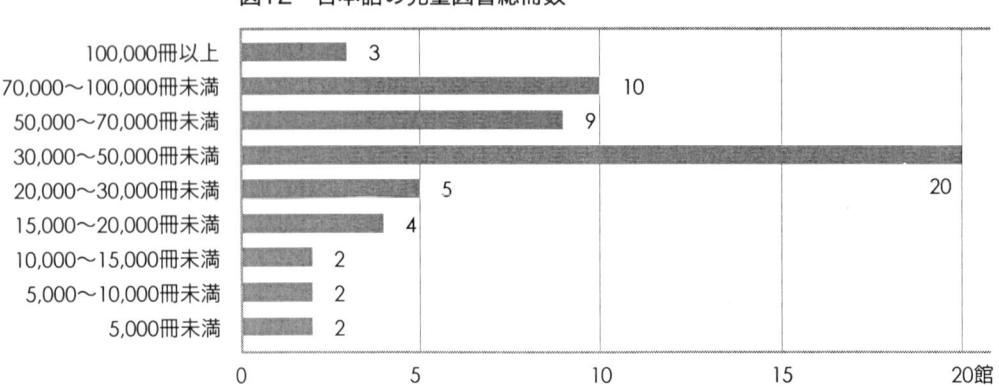

図12 日本語の児童図書総冊数

冊数区分	館数
100,000冊以上	3
70,000～100,000冊未満	10
50,000～70,000冊未満	9
30,000～50,000冊未満	20
20,000～30,000冊未満	5
15,000～20,000冊未満	4
10,000～15,000冊未満	2
5,000～10,000冊未満	2
5,000冊未満	2

表18　資料別所蔵館数と平均所蔵数

	日本語の児童図書	外国語の児童図書	マンガ	紙芝居	ビデオテープ	LD	CD	録音テープ
所蔵館数	57	51	42	52	48	49	48	49
平均所蔵数	48,312	2,166	172	878	99	8	54	24

児童向き雑誌と新聞

現在、日本で刊行されている児童向き雑誌のタイトル数は189誌（『出版年鑑　2000年版』による。学習受験雑誌を除く）ありますが、3誌未満収集の館が9館15.8％あります。一方、40誌以上収集している館が6館あります。平均で10.3誌となります。

新聞は、1紙しか収集していない館が大半で、50.9％を占め、4紙以上収集している館はわずか7館にすぎません。

児童向きマンガ（学習マンガを除く）

公立図書館ではマンガを児童資料としてどのように扱っていくべきか、議論の多いところです。しかし、子どもの生活にとってマンガは欠くことのできない存在であり、マンガ文化として世代を超えて根強い人気があります。都道府県立図書館の立場からは、研究資料として欠くことはできません。

しかし、1館当たりの平均所蔵冊数は172冊で、100冊未満は33館57.9％です。これは、市区町村立図書館のマンガの平均所蔵冊数421冊よりもはるかに少ないという実態です。都道府県立図書館として、マンガをどのように取り扱うか、今後早急に検討を進める必要があるでしょう。

紙芝居

児童資料の中で日本独自の紙芝居は、今回の調査で、都道府県立図書館ではまんべんなく収集されていることがわかりました。1館あたり平均878点収集しており、5,000点以上を所蔵している図書館も1館（宮城県図書館で8,004点所蔵）あります。このことは、日本の公立図書館で紙芝居が図書館資料として定着したことを示しています。

ビデオテープ、レーザーディスク、CD、CD-ROM等

都道府県立図書館では、児童向きのビデオテープ、CD、録音テープは、収集点数50点未満の館が大勢を占め、構成比で61.4％から71.9％です。レーザーディスク、CD-ROMの収集点数は、50点未満が45館78.9％です。ただし、平均の収集点数にはばらつきがあり、ビデオテープの平均収集点数は99点です。これは500点以上収集している館が5館あるためです。

新設される公立図書館では、児童向きのCD-ROM等の電子出版物の収集を視野に入れていますが、現状では収集点数としてはあがっていません。

布の絵本、拡大写本

障害児だけでなく、すべての子どもが楽しめる布の絵本は、児童室には欠かせない資料ですが、3点未満しか所蔵していない図書館が37館64.9％あります。全く所蔵していない館が、無回答を含め14館です。ちなみに、50点以上所蔵している館は佐賀県立図書館です。

児童向き拡大写本は、3点未満が44館77.2％です。無回答6館を含め13の図書館が拡大写本を所蔵していません。図書館利用に障

害のある子どもたちへのサービスを発展させるために、より充実していくことが期待されます。

児童資料収集の年間予算

都道府県立図書館の児童図書の年間予算は平均で約297万円です。学習参考書等を除いて、新刊の児童書を全点収集している館は宮城、埼玉、東京、山梨、岐阜、滋賀の6つの自治体です。1999年の児童図書の平均単価は1,335円で、発行点数は3,074点です（『出版年鑑　2000年版』による）。約390万円あれば、図書だけでも全点購入できる計算になりますが、実態調査では、100万円未満が8館14％あります。それで都道府県立図書館としての機能が充分にはたせるのか、疑問が残ります。ちなみに、1,000万円以上の図書費を執行している館は滋賀県立図書館で、平成10年度予算で10,767,000円を執行しています。2番手は、宮城県図書館の900万円でした。

また、42館73.7％の館が、子どもへの直接サービス、バックアップ・サービス等のため、複本購入を実施しています。

選書担当者と選書方法

新刊児童書の選書を児童専任担当が実施している館は、32館56.1％です。館全体の収集担当者が実施している館は12館21.1％、全員で担当が6館10.5％という調査結果がでています。

収集方針、選定基準等を明文化している館は37館64.9％、していない館は20館35.1％です。都道府県立図書館においても、運営方針、収集方針、選定基準等を県民に明示する必要があります。

選書方法については、約半数の29館50.9％が現物選書を実施し、リストによる選書は25館43.9％が行っています。

市区町村立図書館等の選書の一助にするため、新刊展示を行っている館は、わずか8館14％にすぎません。「市区町村立図書館のサービス」のところでふれたように、町村立図書館ではリスト選書が多いという実態からすると、今後都道府県立図書館の業務として、もっと増えてほしいものです。

保存の方法

都道府県立図書館に期待される機能のひとつに、児童資料の保存があります。市区町村立図書館が児童サービスに専念するには、県立図書館が資料面で強力にバックアップすることが必要です。たとえば、購入した本については廃棄する際には、複本を除き必ず1冊は保存してほしいものです。しかし、今回の調査では、必ず1冊は保存している都道府県立図書館は18館31.6％しかないことがわかりました。

資料の収集、選定、保存の面からも、県立図書館が市区町村立図書館の期待に充分に応えることが求められています。

(2) 直接サービス

冒頭でもふれたように、5つの府県で児童への直接サービスを全く実施していません。児童資料を収集している57館中6館が館内での直接児童サービスを実施していないという結果がでています。この中には、秋田県立図書館のように、児童書を購入し、市町村立図書館へ協力貸出しを行うという間接サービスで対応している館もあります。同一自治体内に複数の館があるために、機能分担で児童サービスを実施していない館もあります。一方、新潟、静岡、京都、兵庫のようにいっさい児童サービスを行っていない館もありま

す。このようにサービスに大きな違いがあります。

児童サービスをこれまで実施してこなかった国立国会図書館が、2000年5月5日に、国際子ども図書館を開館しました。これを機に、都道府県立図書館においても直接児童サービスの充実・発展が求められています。

児童室の面積と開架冊数

館内で直接児童サービスを実施している館は51館です。これらの館の児童室（コーナー）の面積では、250㎡以上の館が17館33.3％あり、平均で226.1㎡となっています。

児童室面積の上位は、宮城県図書館674.0㎡、大阪府立中央図書館627.0㎡、徳島県立図書館566.0㎡です。特に、改築を機に、規模を拡大充実した、徳島、愛知、大阪、岐阜、宮城等が注目されます。

開架冊数では、1万冊から3万冊が36館で約71％と大勢を占めています。うち2万冊から3万冊未満が14館の27.5％、1万冊から1万5千冊未満が12館の23.5％、1万5千冊から2万冊未満が10館の19.6％となっています。平均で、22,801冊が開架されています。

直接サービスの内容、児童用カウンターの有無等

都道府県立図書館における児童サービスの内容について、該当するものをすべてあげてもらったところ、その順位は、①貸出サービスが50館、②参考業務・読書案内が49館、③おはなし会が38館、④集会行事（映画会など）が24館、⑤その他9館という結果が判明しました。

児童用の専用カウンターのある館が38館、ない館が13館となっています。専用カウンターのある38館のうち、常時、職員を配置している館が37館です。

児童資料を利用する大人へのサービス

市区立図書館も含め、中規模以上の図書館には、児童室に隣接して児童資料を研究する社会人、文庫の関係者、学生のための資料室やコーナーが多く見られるようになりました。

児童書を収集して、大人へのサービスを実施している図書館は55館あります。専用の資料室（コーナー）を有している館は28館で、平均面積46㎡、資料数は、平均で児童書9,624冊、雑誌24タイトル、参考図書、研究書3,158冊となっています。

参考図書、研究書が充実している館は、熊本16,142冊、東京7,863冊、福島7,500冊、大分5,000冊等です。雑誌では、宮城90誌、徳島74誌、東京72誌が多い方です。

参考業務・読書案内

参考業務・読書案内は、36館63％の館で

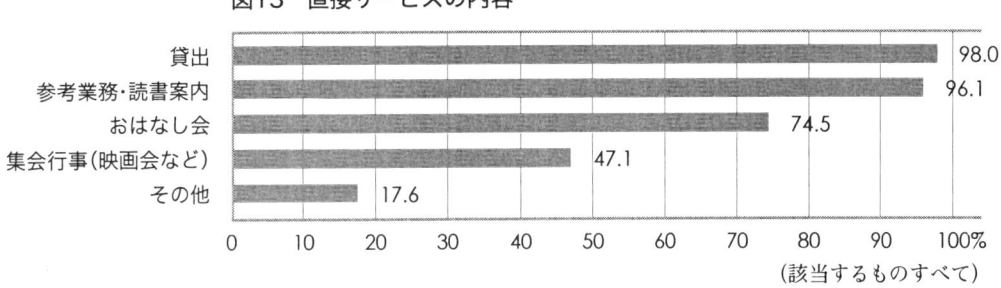

図13　直接サービスの内容

貸出	98.0
参考業務・読書案内	96.1
おはなし会	74.5
集会行事（映画会など）	47.1
その他	17.6

（該当するものすべて）

児童担当者が行い、そのうち参考業務件数を集計しているのは27館です。年間参考業務件数の多い館は、愛知9,030件、東京5,904件、大阪3,700件等の数字がでています。年間平均件数は1,597件です。

都道府県立図書館の活動における、参考業務・読書案内のはたす役割が、いかに重要であるかを示しています。

(3) 市区町村立図書館への協力貸出・補完サービス・補助

都道府県立図書館の中心館47館からの集計として、協力貸出を行っているのは45館で95.7％、無回答が2館でした。

協力貸出を行っている館の資料移送の手段として、協力車36館80.0％、宅配便・郵送も36館80.0％、その他12館26.7％となっています。その他の内容は、市町村の車、来館、職員の手渡し、ブックモビル、県の便などです。

市区町村立図書館から県立図書館の児童資料の検索手段のトップは、オンライン30館63.8％で、以下、インターネット13館、蔵書目録11館、CD-ROM 3館となっており、検索手段無しが4館、その他が13館で、その内容は電話、ファクシミリです。

図書館未設置自治体等への、1998年度の補完サービスについては、37館78.7％が実施し、8館17％が実施しませんでした（無回答2館）。

補完サービスの種類を複数回答であげてもらったところ、団体貸出が27館で73.0％、移動図書館車が10館27.0％、その他15館で40.5％です。その他の内容は、展示会への協力、市町村立図書館・公民館などへの一括貸出、市町村立図書館（未設置も含む）の運営相談、リサイクル本を島しょの小学校へ送付、などがあげられています。

1998年度の市町村への図書館設置、資料費などの補助等の政策の有無の問いに対し、「あった」が8館、「なかった」が39館でした。

補助のあった自治体とその内容（政策名）は下記のとおりです。

〈政策名〉

栃木	公立図書館施設整備補助
石川	社会教育施設整備事業費
三重	サポート・ライブラリー・プラン
滋賀	図書購入費補助
鳥取	町村立図書館図書充実事業
高知	高知県市町村立図書館支援事業
熊本	市町村立図書館整備事業
大分	公立図書館整備費補助

(4) 児童サービス担当職員

児童サービスを担当する職員は、子どもと子どもの本に精通していなければなりません。また、生涯を通じて、子どもが成人した後も良き読書人となれるような芽を育てていく責任をになっています。そのためにも、児童図書館員の専門性が要求されます。

さて、今回の実態調査ではどのような結果がでているでしょうか。集計の対象は、直接児童サービスを実施している51の都道府県立図書館です。児童担当専任職員、兼任職員非常勤職員、臨時職員の人数、資格の有無、経験年数等を回答してもらいました。

まず、児童専任の司書を配置している館は、図14のとおりです。5人配置しているのは東京、4人は神奈川、3人は埼玉3館と、大阪、徳島、高知です。司書・司書補以外の

図14 児童サービス専任職員／司書・司書補

人数	館数
6人以上	0
5人	1
4人	1
3人	6
2人	11
1人	14
0人	2
無回答	16

専任職員では、1人11館、0人10館、無回答30館です。

非常勤職員（司書・司書補）を配置している館は8館、臨時職員は9館あります。

なお、児童サービス担当職員数の設問の欄には無回答の館が多く（専任、兼任、非常勤等で平均27館が回答なし）、職員態勢の複雑さがうかがえました。

児童サービス担当職員の図書館経験年数の平均は、司書・司書補で13.6年に対し、司書・司書補以外では4.1年です。図15で示すように、15年以上が24人と最も多く、次が5年から10年未満で10人となっています。3年での人事異動が原則となっている自治体が多い中で、図書館経験年数の長い職員が多いということは一見、良いように見えますが、児童担当の専門職員を育成していく上では、大きな矛盾を含んでいます。

児童担当通算年数は、司書・司書補が、平均でわずか3.1年です。児童サービスの業務がやっと板についた頃、本人の希望に反して別の部署や館外に異動させられるケースが増える傾向にあり、動向を見守る必要があります。

(5) 児童サービス担当職員の研修

都道府県立図書館が期待されている役割、機能のひとつに、研修があげられます。都道府県内の市区町村立図書館児童担当者への研修制度の有無と回数についての調査結果によると、「研修制度が無い」が14館で約30％も占めています。「年1～2回」が22館46.8％です。「年3～6回」が7館約15％、「年7～11回」が2館で4.3％、「月1回以上」

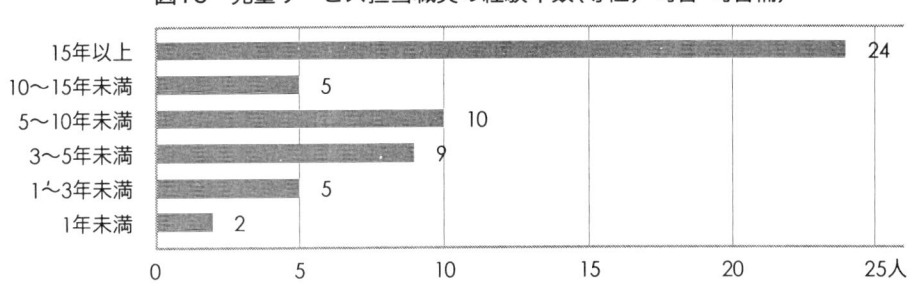

図15 児童サービス担当職員の経験年数(専任／司書・司書補)

経験年数	人数
15年以上	24
10～15年未満	5
5～10年未満	10
3～5年未満	9
1～3年未満	5
1年未満	2

図16 児童サービスで重要と思うもの

項目	館数
参考業務・読書案内	31
図書館間の協力貸出	25
研修	25
選書	23
子どもの本の知識	22
保存	21
子どもに関する知識	6
個人貸出	4
他の機関との連携(団体貸出含む)	4
補完サービス	3
整理	2
新刊展示	2
コンピュータの活用	0
集会行事	0
その他	2

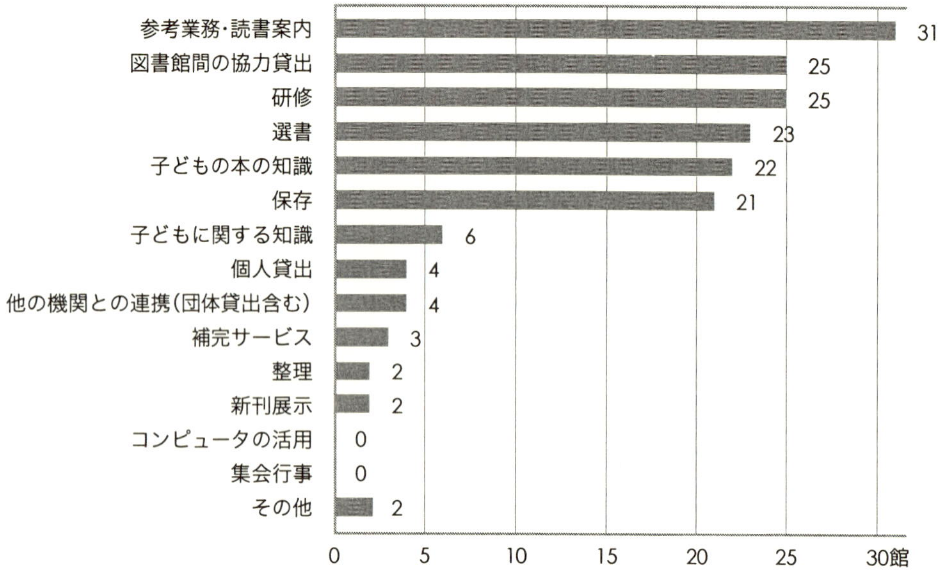

が2館で4.3%です。

一方、「研修があった場合」の主催者は、都道府県公共図書館(長)協議会と都道府県立図書館の2つが共に同数の17館で、「その他」の9館が、県レベルの図書館協会、教育委員会等です。

(6) 児童サービスで重要と思うもの

「今、都道府県立図書館の児童サービスで重要と思うもの」3つまでをあげてもらう設問の結果は、図16で図示したとおりです。1位は参考業務・読書案内で31館、2位は図書館間の協力貸出と研修が、共に25館ずつ、3位が選書23館となっています。

* * *

市区町村立図書館と都道府県立図書館の、それぞれの調査結果をみてきました。市区町村立図書館の調査では、東京23区の図書館が児童サービスの専任職員をかなり配置していながら、専門職の比率は極端に低いことが明らかになりました。子どもの読書を支える公立図書館の児童サービスは、子どもを知り、子どもの本を知り、子どもと本を結びつける技術を知るという、職員の長い経験と努力の積み重ねが必要です。日本の未来をになう子どもたちに対し、専門性を生かす人事制度が求められているのではないでしょうか。

都道府県立図書館の調査結果からは、都道府県立図書館の児童サービスに大きな差が生じていることが明らかになりました。都道府県立図書館は自治体内のすべての住民に対しサービスをする責務があります。それは来館する住民ばかりでなく、市区町村立図書館との協力、補完サービスなどによって具現化します。それは児童サービスでも同様です。すべての子どもたちが、等しく図書館サービスを受けられるよう、市区町村立図書館の児童サービスをバックアップし、自ら児童サービスを実践すること、都道府県立図書館の児童サービスのいっそうの充実が、求められています。

3章 これからの児童サービス

1 子どもとコンピュータ

　これからの公立図書館を考える時、情報技術（IT）の進展を抜きにすることはできません。図書館ではインターネットを利用したホームページの開設、蔵書データの開放という"発信"の役割とともに、情報検索が、市民の調査・研究を援助する手段として、大きな位置を占めつつあります。

　情報化社会は、「情報がもつウエイトの大きい社会、あるいは情報化の進展の度合いが高い社会」[注1]といわれていますが、それは一方で、「情報の豊かな人たち」と「情報の貧しい人たち」[注2]を生み出しているのです。その格差を解消するために、地域の公立図書館の役割はますます重要になっていきます。

　子どもの生活では、コンピュータ・ゲームが加わり、子どもの遊びを大きく変化させています。また、お絵描きソフト、文字学習ソフトなど、幼児期の生活からコンピュータが入り込み、学校にあがれば、インターネットの操作法などの教育が取り入れられはじめています。

　このように、子どもの生活の中で、コンピュータは、新しい遊び道具として、学習機材として、また、通信手段として普及していくことでしょう。

　では、コンピュータの発達は子どもの読書を変化させるのでしょうか。子どもの本はコンピュータをとおしたデジタルデータに、とって替わっていくのでしょうか。

　子どもがはじめて出会う本は、絵本です。「はじめに―子ども・読書・図書館」で述べたように、読書は子どもの成長にとって大切なものです。また、親による読み聞かせは、子どもの想像力を培い、ことばの獲得に働きかけるというだけでなく、"生の声"をとおした親子のコミュニケーションをより豊かなものとしていくでしょう。読み聞かせは、食後のひと時、寝る前のベッドの中など、生活のいろいろな場面で行われています。そういった場面で、紙でできた絵本は、どこでも読み聞かせができる、大変すぐれた媒体ではないでしょうか。

　また、絵本は、絵と文章によって成り立つひとつの表現形態です。そのため、作家たちは、大きさ、紙質などをも含めて"表現"としてとらえています。"このストーリーにと

29

って、どの大きさがよいか"、それは画家が何号のキャンパスを使うかを考えるのと同じです。紙質についても同じように、"このタッチの絵にはどのような紙質がよく合うか"などを考えています。

絵本は、ページをめくるごとにストーリーを展開し、子どもたちの心を躍らせます。このように絵本はひとつの表現形態として優れたものであると考えることができます。

もうひとつは、絵本に限らず本がもたらす空間です。子どもは、"どの著者のどういう書名の本を"と探すのではなく、たとえば、千冊の本が収められている書棚から、書名、本の大きさ、厚さ、表紙の絵などいろいろな要素を加味しながら自分のお気に入りの本を探しだしていきます。小さな絵本ばかり好きな子どももいれば、今度は厚い本に挑戦しようとする子どももいます。子どもが本を選ぶ時、子どもが本に出会う時、本のある空間、ことばをかえれば"場"が子どもたちに必要なのではないでしょうか。

人は宇宙食があれば生きていけるのでしょうが、毎日毎日、宇宙食を食べて豊かな生活といえるでしょうか。子どもが読書を楽しむには、読み聞かせでの親子のコミュニケーションや、本のもつ手触り、お気に入りの本を探す時の"場"という空間が必要なのです。

これらのことは、子どもの本ばかりでなく、大人の本にもいうことができます。今後、コンピュータによるデジタル媒体が、いろいろな形で増えてきます。人がほしい情報を切り出していく上で、デジタルデータは大変便利ですが、読者である子どもが、見て、触れて、感じることができるのは、"本"という形態ではないでしょうか。

2 子どものための読書施設

子どもの読書を支えるためには、本がなければなりません。そして、そのための"場"が必要になります。いま、大きな書店でも児童書のコーナーがどんどん縮小されていま

す。背景には少子化による購読層の減少、書店の経営効率化による"売れる本"を置く面積の増大などがあると考えられます。

　その結果、子どもの読書を支えるための"場"として、読書施設の重要性がますます高まっています。子どもの読書施設には、地域の住民が自主的に活動する子ども文庫や公的な機関として児童館、公民館図書室、学校図書館、公立図書館などがあります。

　子ども文庫は、地域住民が自ら本を集め、自宅や地域の集会所などを利用し、地域の子どもたちに本の提供を中心に行う住民活動です。1993年調査では、全国に約3,800以上の文庫が活動していることが確認されています。子ども文庫では、読み聞かせ、折り紙などの伝承遊び、人形劇なども行われ、子どもとの関わりをとおして地域の教育力に寄与しているといえます。[注3]

　児童館、公民館図書室は、それぞれの機能の広がりとして、子どもたちに本を提供しています。

　今後、子どもの読書を考える時、学校図書館の充実が大切であるといわれています。学校図書館では、「学校の教育課程の展開に結びつくとともに、学校の教育活動全体の中に組みこまれて、児童・生徒の人間的な成長に寄与する」ことを前提に、課外の読書も行われています。[注4]学校図書館は、子どもにとって一番身近な読書施設であり、学校図書館の充実は、子どもの読書環境を大きく変えていく可能性があります。

　公立図書館は、乳幼児から高齢者までを対象とする施設ですが、個々の人びとにサービスすることはもちろん、地域の資料センターとしての役割もあります。子ども文庫、学校図書館などの読書施設を底から支える働きを持ち合わせているのです。たとえば、学校図書館は、充実したとしてもスペースや予算の制約から蔵書冊数には限界があります。蔵書の内容にしても、乳幼児から高齢者までを対象とする公立図書館の蔵書の幅には及びません。それらの読書施設を地域の資料センターとしての公立図書館が支えていく役割は、今後ますます求められていくことでしょう。

3　子どもの図書館

　地域の子どもたちの読書を支える中心は公立図書館です。公立図書館の児童サービスは、資料をとおして子どもたちの成長に働きかけることを中心的な目的とします。

　いまの子どもをとりまくキーワードとして"いじめ"や"キレル"など、人とのコミュニケーションや心にかかわる問題が取りあげられています。その際に特徴的なことは、子どもたちの心の内が主観的、一方的なことばによってしか表現されないということにあります。これを解決するには、「はじめに」で述べたように、子どもが自らを客観的にとらえられるようなことばを育てることです。それゆえ、子どもたちの生活の中で"読書"はますます大切になっています。

　では、子どもたちの読書にとって、図書館はどのような意味があるのでしょうか。発達心理学者の秋田喜代美は、子どもの読書環境のひとつである親が果たしうる役割と子どもの読書行動の調査を行い、その結果から4つの点が明らかになったと述べています。

1）「親が読書好きであることが、子の読書の自立を促す親のさまざまな働きかけの量に影響をあたえる」
2）「親が読み聞かせをしたり図書館や本

屋につれて行くなど、読書に関して子どもと直接関わることの方が蔵書量や親自身の読書行動よりも子の読書感情にあたえる影響が大きい」

3）「家に本があるという蔵書量は子の読書量とは関連がみられますが、子どもの読書への好意度という感情と関連があるのは、読み聞かせや、図書館や本屋へ子をつれていくといった子どもとの直接的な関わり」である

4）「読み聞かせの影響は学年と共に小さくなっていくのに対し、図書館・本屋につれて行く役割の影響度は変化」しない

秋田はこの4点をあげた上で、「読書という文化的活動では、親が読書をどれだけ重視し、子どもが読書に参加できるようにするため、どのような環境を実際に準備するかが、子の読書量や感情に影響をあたえることが示唆され」る、と述べています。[注5]

この調査は、親が与える影響を調べたものですが、読み聞かせや図書館、本屋に子どもを連れて行くことが子どもの読書に大切であることを示しています。

乳幼児から高齢者までを対象とする公立図書館では、平日の午前中、母子が絵本とともに趣味や生活で必要な本、小説などを借り、土・日曜日は家族で、それぞれが必要な本を借りる姿がよく見られます。幼児コーナーのテーブルでは、父親が小さな子どもに読み聞かせをする姿も日常的な風景です。子どもの読書を考える時、家族で利用できる公立図書館が、子どもの読書に大きな影響を与えているということができます。

4 子どもの図書館の現状と課題

(1) 公立図書館を生活の場に

日本の公立図書館の設置率は、全国市区町村3,252自治体の48.9％です。詳しくみると、市区部の設置率が96.9％に対し、町村部では35.8％と、まだまだ低い設置率です。"ポストの数ほどの図書館を"と、児童文学

者石井桃子が日本の図書館の少なさを嘆いたのは、1965年のことでした[注6]。たしかに、この35年間で図書館の数は増加を続けましたが、公立図書館が子どもたちの生活の場に配置されるためには、まだ数が少なすぎます。

(2) 長期的に充実したサービスを

いま、自治体内に大規模な中心館、複数の地域図書館を持つ公立図書館が増えてきています。これらの自治体では、図書館が行政施策としてその必要性を理解し、充実を図ったということができます。

しかし、バブル経済の崩壊後、公立図書館の基盤である地方財政は急速に悪化し、多くの影響を図書館にもたらしています。財政効率化を標榜した運営形態を模索したり、資料費の減少などをあげることができます。

一方で、住民の公立図書館への要望は高まり、図書館の新設、開館日の増加や開館時間の延長となって現れています。住民の求め（議会など制度的なものを含め）に対して、図書館が長期的に充実したサービスを維持・発展させるためには、「公立」という基盤が必要条件となります。また、資料費は、図書館が市民サービスを行う上で、最も大切な経費です。人の成長に関わる図書館にとって、安定した資料費が必要なのはいうまでもありません。

(3) 児童サービスの鍵は職員

公立図書館で住民にサービスを提供するのは、図書館員です。図書館員は、図書館活動を活発化させ、発展させる大きな要素です。アメリカ図書館協会児童サービス部会が発表した「児童図書館員の専門的能力」では、専門的な知識について、「子どもたちのための図書館サービスを効果的に進めるためには、広い範囲にわたる専門の知識と、熟練した専門能力とが必要である。そこで子どもたちのために働く図書館員は、何よりもまず図書館の仕事の理論と実践と新しい傾向について十分な知識を持つと共に、利用者としての子どもたちがどんな要求を持つのか、その特性についての専門知識を持つ必要がある」[注7]と述べています。

日本では、1997年度から司書講習科目の改正が行われ、児童サービス論が必修科目になりましたが、司書資格を取得しても、図書館に採用される学生は決して多くないのが現状です。

図書館員が子どもへのサービスをするためには、多くの専門的知識が必要なのですが、「2-1-(2) 児童サービス担当職員」でみたように、児童担当職員の司書・司書補の割合は、全国的には63.5％にとどまり、東京23区では30.7％と極端に低い実態にあります。自治体により、専門的職員である司書の捉え方はさまざまですが、子どもへのサービスを充実させるためには、司書の配置と専門性を高める再教育が今後、ますます必要となるでしょう。

(4) その他の課題
① 地域の資料センターに

保育園、幼稚園、児童館、公民館図書室、学校図書館などをバックアップする機関としての公立図書館の役割は、先に述べたとおりです。各施設が子どもたちへの読書の働きかけを重視していくと資料への要望は高まり、公立図書館の資料センターとしての役割は、重要となっていきます。

また、インターネットによる図書館の蔵書

の公開が進むと、どこの施設からも蔵書にアクセスすることが可能になります。資料要求はさらに高まることが予想され、公立図書館は地域の資料センターとしての体制を確保する必要にせまられるでしょう。

また、公立図書館の児童図書館員は、児童書のプロとして、それぞれの施設職員の相談に応じる必要もあります。

② アウトリーチ・サービスの展開

アウトリーチ・サービスとは、「公立図書館サービス・エリアの中に存在しながら、サービスを享受していない、あるいはサービスを享受できない〈特定の人びとの集団〉へのサービス」[注8]をいいます。具体的には、外国人の子ども、障害児、入院児、児童養護施設・児童自立支援施設などが対象になります。

多文化サービス

外国人に対するサービスは、多文化サービスといわれています。児童サービスにおける多文化サービスとは、日本語を母国語としない子どもへのサービスです。近年、労働力として若い外国人が家族で来日するにつれて、日本語をよく理解できない子どもたちが増えています。このような母国語しかわからない子どもが日本を知り、日本で生活するために必要な情報を獲得するよう助けたり、日本語ができて、ある程度日本社会に溶け込んでいる子どもに対しては、母国の文化を伝え、文化的無国籍状態にしないようにするのが多文化サービスです。また、日本人の子どもにとっては、外国の文化にふれることで、将来への国際的な視野を養うという意味があります。[注9]

障害のある子どもへのサービス

公立図書館は、障害のある子どもや、病気など何らかの理由で図書館に来ることができない子どもにも健常児と同様なサービスをしなければなりません。障害のある子どもたちとは、視覚・聴覚や心身に障害のある子ども、外出困難な子ども、入院患者や自宅療養など来館が困難な子どもなどです。

障害のある子どもには、何をどう提供するかが課題になります。録音図書、拡大写本、

さわる絵本、布の絵本、点訳絵本などをどのように子どもに届けていくのか、それぞれの子どもの障害の状況を考慮した、一人一人にあったサービスが求められています。

また、来館できる子どもにもLD（学習障害）などの障害のある子どももいます。そういう子どもにも楽しめる蔵書の研究も今後、必要になるでしょう。

③ 乳幼児と保護者へのサービス

いま、心理学などの領域で乳幼児期の研究が進んでいますが、子どもの読書を考える時、ことばの発達が大切であるといわれています。読書の前の段階としての"ことば"を中心とした乳幼児期の子どもと保護者へのサービスは、今後、児童サービスの基盤として大切になっていきます。

④ 資料の多様化とコンピュータ

CD、ビデオテープ、DVDなどの視聴覚資料の普及にはめざましいものがあります。視聴覚資料は、活字では表現できない音や映像の資料であり、図書館としても大切な資料のひとつです。また、視聴覚資料は、活字の本に比べ子どもが手に取りやすいだけに、子ども向けにどういう資料を選ぶかが大切です。

また、調べ学習などで情報を求める子どもに対して、インターネット対応のコンピュータの整備も必要になっていくでしょう。そして、子どもたちに情報検索の方法を教えるのも図書館員の重要な仕事になっていきます。

⑤ ことば文化の伝承

図書館は、資料を提供することを基本的な機能としますが、"ことば"による昔話や文学の提供も行われています。ストーリーテリングやお話といわれ、おはなし会などの場で行われています。ストーリーテリングの語り手たちは、昔話集や短編のお話集に題材を求めて語ります。子どもたちは耳から肉声や息づかいをとおして、昔話や文学を楽しむことができます。

テレビやビデオ、コンピュータなどの情報が増大する中、"声の文化"は、子どもの成長にますます重要になっていくはずです。

⑥ 地域社会との協同

公立図書館の児童サービスは、資料をとおして子どもの成長に働きかけることを目的としています。子どもの成長には、子どもをとりまく環境としての家庭、地域社会の役割を抜きにできません。公立図書館は、住民や地域のさまざまな機関との協力・連携をとおして、子どもの豊かな成長に貢献していくことが重要となります。

注

1) 塩見昇編著『図書館概論』（JLA図書館情報学テキストシリーズ1）日本図書館協会 1998 p.18
2) 竹内悊編訳『図書館のめざすもの』日本図書館協会 1997 p.44-45
3) 全国子ども文庫調査実行委員会編『子どもの豊かさを求めて3 全国子ども文庫調査報告書』日本図書館協会 1995
4) 『図書館ハンドブック 第5版』日本図書館協会 1990 p.4
5) 秋田喜代美著『読書の発達心理学 子どもの発達と読書環境』国土社 1998 p.128-129
6) 石井桃子著『子どもの図書館』岩波書店 1965 p.210-212
7) 堀川照代編著『児童サービス論』（JLA図書館情報学テキストシリーズ11）日本図書館協会 1998 p.121
8) 4)と同書 p.119
9) 赤星隆子・荒井督子編著『児童図書館サービス論』（新図書館情報学シリーズ12）理想社 1998 p.43-44

国際子ども図書館の現状と課題

田中 久徳
国際子ども図書館

　平成12年5月、国際子ども図書館は部分開館の運びとなりました。子どもの本に関わる関係者の積年の願いが、ここに具体的な形として結実したわけですが、開館は始まりにすぎないことも確かなことです。産声をあげたばかりの施設が待望された役割を担うことができるのかどうか、これから真価を問われることになります。

　本項では、国際子ども図書館のめざしている役割と機能を確認しながら、現状と課題についてふれることにします。

国際子ども図書館のめざす役割と機能

　国際子ども図書館の主たる役割は、第一線の児童図書館活動を支援し、国際的な連携協力活動を担い、子どもの出版文化に関わる広範な調査・研究を支援する「子どもの本のナショナル・センター」として機能することにあります。また、同時に子どもに開かれた図書館として、子どもたちに読書の楽しさを伝え、図書館の世界に親しむきっかけを与える「子どもと本のふれあいの場」を提供することも重要な目的としています。

　以下、設立計画に掲げた4つの基本的役割に沿って、開館時点でのサービスの現状、および今後実施を想定しているサービス内容について概要を示すことにします。

　なお、国際子ども図書館の建物(旧国立国会図書館支部上野図書館、戦前の旧帝国図書館)改築は、今回完成した昭和期増築部分に引き続いて、明治期建造部分で工事が進められており、平成14年初頭に竣工後、全面開館の予定で、それまでの部分開館時期を第一期と通称しています。

① 資料・情報センターとしての役割

　児童書・児童文化に関する調査研究型の図書館サービスを実施します。また、書誌情報や子どもの本に関する専門情報をネットワークを通じて提供、子どもの本に関わる種々の活動を支援します。

　蔵書は、国内外の児童書と関連書(研究書・参考図書)から構成されます。国内出版児童書は、国の納本図書館として網羅的収集と保存、提供をはかります。海外児童書は、各国の基本的な児童書に加え、日本の児童書

の外国語訳や日本語に翻訳された児童書の原書も積極的に収集します。アジア地域資料の収集も重点です。児童書や児童サービスに関するレファレンス・サービスに対応すべく内外の関連資料を整備します。

第一期では書庫がないために資料室内に約4万冊を開架し、国立国会図書館が所蔵する国内の児童書（図書13万冊、雑誌1,200誌）の大半は、全面開館時まで本館に残置されます。海外児童書は、現在約2万冊で、積極的に収集を進める方針です。

情報面では、大阪国際児童文学館等5機関の協力を得て、国内児童書の書誌・所在情報を一元的に検索できる児童書総合目録を構築中で、開館と同時にインターネットを通じた検索サービスの提供を開始しました。今後、選書や評価情報、論文・記事索引、物語件名や分類、あらすじなどの専門情報の整備・提供を行う予定です。電子図書館機能を活用して、資料のデジタル化による保存と利用の両立をめざしていきます。

② 児童図書館サービスの支援

研究、研修プログラムの実施により、第一線の児童サービスに携わる人と活動を支援します。児童書や読書、児童サービス等の研究を支援する共同研究プログラム、児童サービスの研修プログラム、セミナー、講演会、シンポジウムの開催などを想定していますが、施設的な制約もあり、多くは全面開館以降の実施となります。また、開館に際して、国際シンポジウム「子どもと本と読書」を開催しました。

③ 関係諸機関との連携・協力と国際的役割

国内外の関係諸機関と連携・協力のネットワークをつくり、情報資源の共有や人的交流を進めます。児童書総合目録も連携・協力の基盤事業です。また、子どもの本を通じた国際交流プログラムとしては、海外からの研究生、研修生の受入、日本の子どもの本の外国語での紹介、国際図書館連盟（IFLA）、国際児童図書評議会（IBBY）等の活動への参加、世界各国の児童書の展示とあわせた交流会の開催等を想定しています。

④ 子どもへのサービス

第一期では、展示会やイベントの実施、絵本を手に取れる「子どもの部屋」等のサービスが中心で、マルチメディアによる仮想展示プログラムの提供も行います。

全面開館時には、児童サービス用コレクションを構築、2つの子ども室とおはなし室を設けて、読書相談、ストーリーテリング等、本格的な児童サービスを開始するとともに、インターネットを通じて、地域の図書館・学校から子どもたちが資料・情報を直接活用できる手段を提供することを想定しています。

課題と展望

　第一期では、施設的な制約も大きく、想定したサービスの多くが不完全な実施にとどまらざるをえません。また、研修・研究プログラムや人的交流等は、これから具体的なノウハウを積み上げていかなければならない段階にあります。計画に掲げたサービスを十全に実施するためには、施設やコンピュータシステムといったハード面の整備以上に、専門的人材の確保や育成といったソフト面が重要であり、そのために必要な予算や人員の確保には、高いハードルが残されています。

　また、電子図書館機能については、子どもと本を結びつける活動の中でどのように位置付け、活用していくことができるのか、さらに、マルチメディア情報やネットワーク環境と子どもの読書の関わりをどう考えるのか、検討を重ねていくことが必要です。

　これまで、国立国会図書館は児童書や児童サービスを重視してきてはいないため、積年の課題が数多く残されています。多くの未収集資料の存在や、児童書の全国書誌に日本十進分類法（NDC）の分類番号が付与されていない点など、一つずつ改善していかなければ、真の「ナショナル・センター」になりえないことは自明なことです。

　国際子ども図書館が、一朝一夕に信頼を獲得することはありえません。開館時だけの一時的な喧騒で終わらせることなく、縁の下の力持ちとして「子どもに奉仕する人に奉仕する」活動を重ね、熱意ある図書館員と共に手を携えて歩む中から、国際子ども図書館の展望は拓かれると思います。それこそが、21世紀の子どもたちへの大切な贈り物なのではないでしょうか。

国際子ども図書館
住所
　〒110-0007　東京都台東区上野公園12-49
　　　（JR上野駅上野公園口より徒歩10分）
電話
　03-3827-2053（代表）
　03-3827-2069（録音による利用案内）
ホームページ
　http://www.kodomo.go.jp

おわりに

　20世紀最後の年に、日本の図書館の児童サービス100年をかえりみてきました。いま、21世紀の扉があけられようとしているこの時に、子どもたちに『ひらいてごらん　ひみつの扉』と呼びかけて、豊かな本の世界へいざない、子どもたちが翼をおもいっきりひろげて飛翔できるように願わずにはいられません。

　そのためには、まず、子どもたちの身近に公立図書館があって、そこに子どもと子どもの本についてくわしい児童図書館員がいて、一人ひとりの子どもに適した本を上手に手渡すことができるように条件を整えていくことが必要です。

　公立図書館は、子どもが赤ちゃんの時から膝に抱いてもらって、肌のぬくもりの中で絵本の楽しさを読み手と共有できるように、親や地域社会にはたらきかけ、子どもの時からの読書を保障していく責務を負うているのです。

　20世紀の初めから100年かかって、日本の地方公共団体の図書館設置率が50％に達しようとしています。遅々とした歩みでしたが、21世紀には、図書館の設置が加速して100％近い設置率となる日が必ずおとずれるでしょう。そうなれば学校図書館（100％設置）と公立図書館が車の両輪となって子どもの読書環境は整備されていきます。

　しかし、施設ができただけでは図書館とはいえません。そこに資料と職員と利用者があってこそ図書館としてのはたらきが可能になるのです。

　どの図書館にも専門的知識や技能を身につけた児童図書館員がいて、ひみつがいっぱい隠れている本の森へ、子どもたちを案内できるように、子どもの資料を選びぬき、すぐれたコレクションを構築していかなければなりません。子どもたちは図書館で本と出会う前に"ひと"（児童図書館員）と出会うのです。出会うその"ひと"が「ひみつの扉」の鍵を握っているのです。

　いま、私たちは21世紀の扉の前まで歩んできました。扉をあけて、21世紀の未来をひらく子どもたちに期待をたくし、私たちは理想の子ども図書館をめざして、たゆみなく道をきり拓いていきましょう。

EYE LOVE EYE

視覚障害その他の理由で活字のままでこの本を利用出来ない人のために、営利を目的とする場合を除き「録音図書」「点字図書」「拡大写本」等の製作をすることを認めます。その際は著作権者、または、日本図書館協会まで御連絡ください。

ひらいてごらん　ひみつの扉
いま、これからの子ども図書館

2000年10月1日　第1刷発行©
定価　本体1,000円（税別）

編者　日本図書館協会児童青少年委員会
発行　社団法人 日本図書館協会 ©2000
〒104-0033
東京都中央区新川1-11-14

製作　㈱ PAN OFFICE

JLA200032　　　　　Printed in Japan

ISBN 4-8204-0025-8